Impressum
Verlag: BABADADA GmbH, Nedderfeld 112 , 22529 Hamburg
Geschäftsführer / Verlagsleitung: Harald Hof
Druck: Books on Demand GmbH, In de Tarpen 42, 22848 Norderstedt

Imprint
Publisher: BABADADA GmbH, Nedderfeld 112 , 22529 Hamburg, Germany
Managing Director / Publishing direction: Harald Hof
Print: Books on Demand GmbH, In de Tarpen 42, 22848 Norderstedt

1

ysgol

school

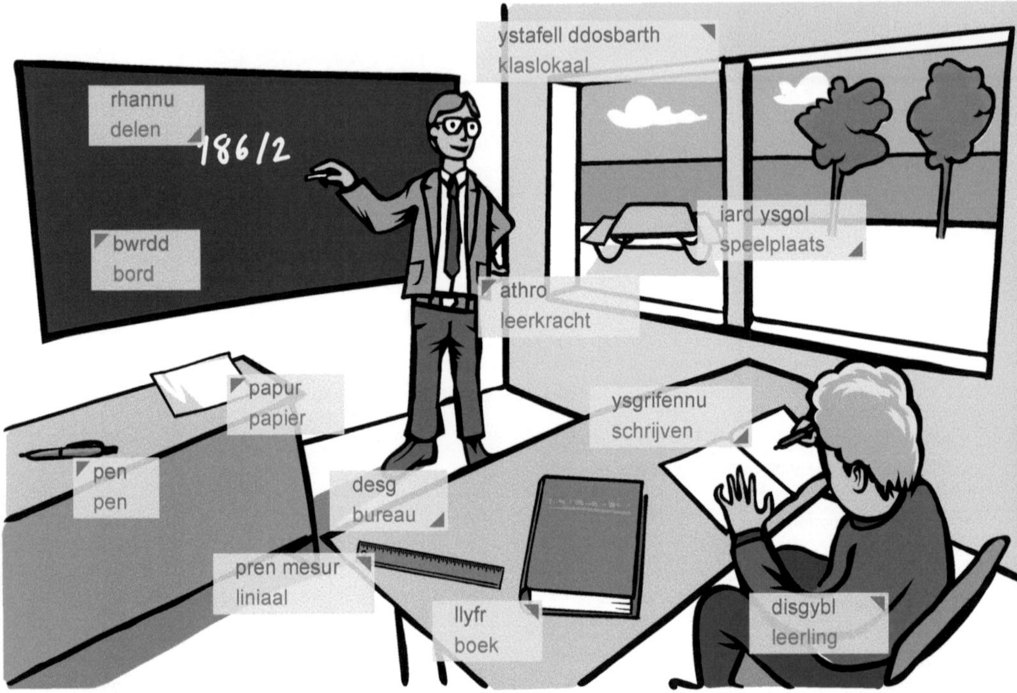

ystafell ddosbarth
klaslokaal
rhannu
delen
186/2
bwrdd
bord
iard ysgol
speelplaats
athro
leerkracht
papur
papier
ysgrifennu
schrijven
pen
pen
desg
bureau
pren mesur
liniaal
llyfr
boek
disgybl
leerling

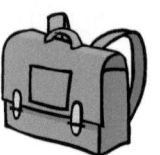

bag ysgol

schooltas

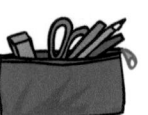

blwch penselau

pennenzak

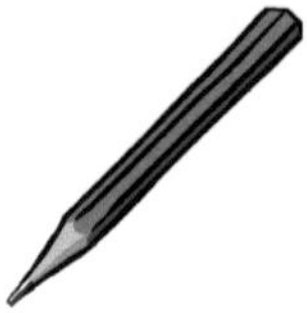

pensil

potlood

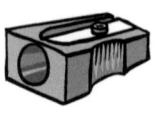

miniwr

puntenslijper

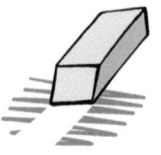

rwber

gom

pad arlunio

tekenblok

draw
tekening

brws paent
verfborstel

blwch paent
verfdoos

siswrn
schaar

glud
lijm

llyfr ysgrifennu
werkboek

gwaith cartref
huiswerk

12

rhif
nummer

2+2

ychwanegu
optellen

5-2

tynnu
aftrekken

2×2

lluosi
vermenigvuldigen

cyfrifo
rekenen

A

llythyren
letter

**ABCDEFG
HIJKLMN
OPQRSTU
VWXYZ**

gwyddor
alfabet

hello

gair
woord

testun
....
tekst

darllen
....
Lezen

sialc
....
krijt

gwers
....
les

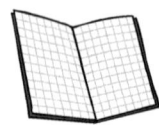

cofrestr
....
klassenboek

arholiad
....
examen

tystysgrif
....
certificaat

gwisg ysgol
....
schooluniform

addysg
....
onderwijs

gwyddoniadur
....
encyclopedie

prifysgol
....
universiteit

microsgop
....
microscoop

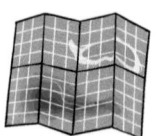

map
....
kaart

basged papur gwastraff
....
papiermand

teithio

reis

gwesty
hotel
Grand
hostel
jeugdherberg
ROOMS
EXCHANGE
swyddfa gyfnewid
wisselkantoor
cês dillad
koffer
car
auto

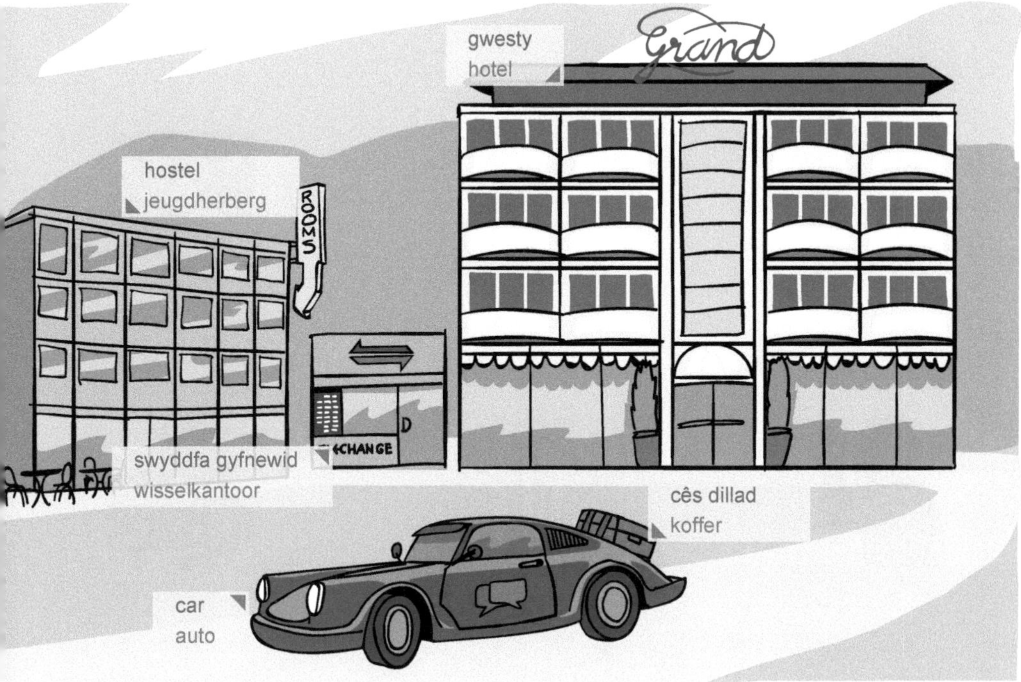

iaith

Taal

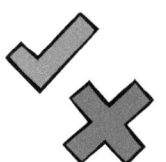

ie / na

ja / nee

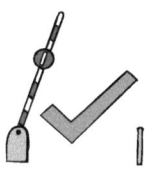

iawn

oké

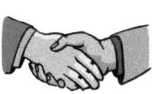

helo

hallo

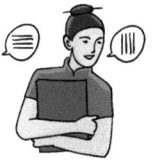

cyfieithydd

vertaler

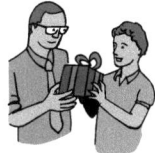

Diolch yn fawr

bedankt

faint yw ...?

Hoeveel kost ...?

Dw i ddim yn deall

Ik begrijp het niet

problem

probleem

Noswaith dda!

Goedenavond!

Bore da!

Goedemorgen!

Nos da!

Goedenavond!

hwyl

Tot ziens

cyfarwyddyd

richting

bagiau

bagage

bag

zak

gwarbac

rugzak

gwestai

gast

ystafell

kamer

sach gysgu

slaapzak

pabell

tent

gwybodaeth i ymwelwyr

toeristeninformatie

traeth

strand

cerdyn credyd

kredietkaart

brecwast

ontbijt

cinio

lunch

swper

avondeten

tocyn

ticket

lifft

lift

stamp

postzegel

ffin

grens

tollau

douane

llysgenhadaeth

ambassade

fisa

visum

pasbort

paspoort

cludiant
transport

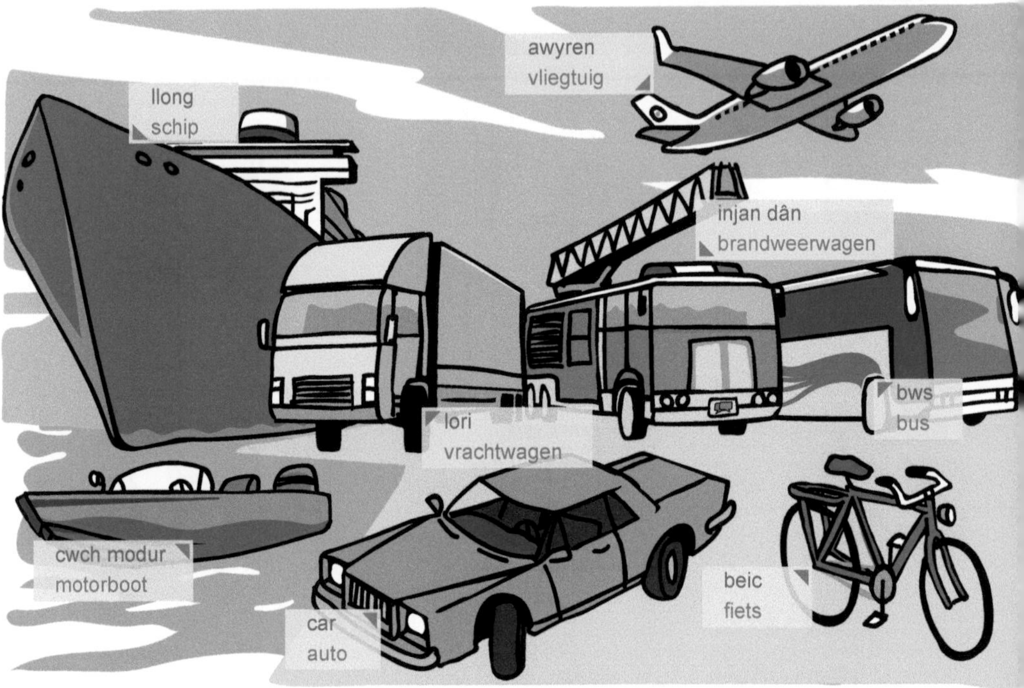
awyren
vliegtuig
llong
schip
injan dân
brandweerwagen
lori
vrachtwagen
bws
bus
cwch modur
motorboot
beic
fiets
car
auto

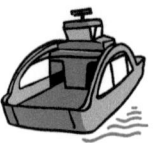

fferi

veerboot

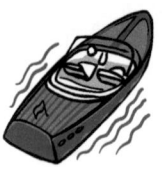

cwch

boot

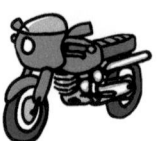

beic modur

motor

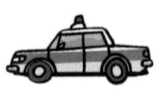

car yr heddlu

politiewagen

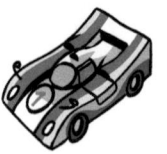

car rasio

racewagen

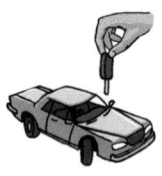

car wedi'i rentu

huurauto

rhannu car
carpoolen

lori tynnu
sleepwagen

lori ysbwriel
vuilniswagen

modur
motor

tanwydd
benzine

gorsaf betrol
benzinestation

arwydd traffig
verkeersbord

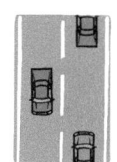

traffig
verkeer

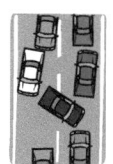

tagfa draffig
file

maes parcio
parkeerplaats

gorsaf drennau
station

traciau
sporen

trên
trein

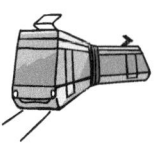

tram
tram

wagen
wagon

hofrennydd

helikopter

maes awyr

luchthaven

tŵr

toren

teithiwr

passagier

cynhwysydd

container

paced

karton

cert

kar

basged

mand

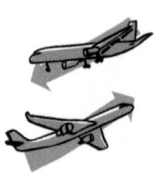

esgyn / glanio

opstijgen / landen

dinas

stad

pentref

dorp

canol y ddinas

stadscentrum

tŷ

huis

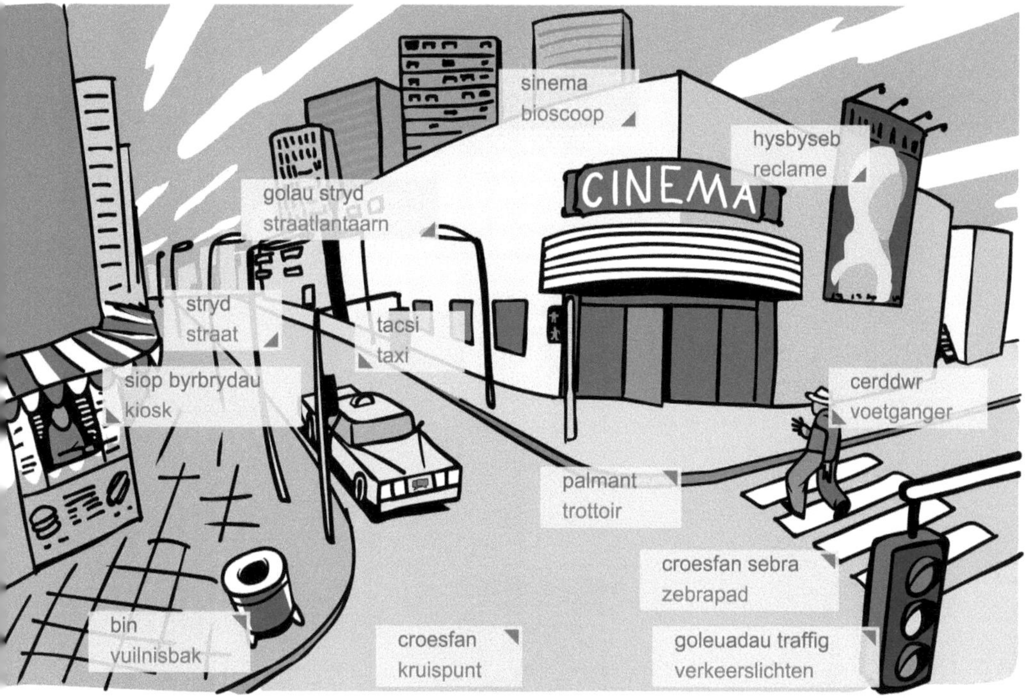

sinema
bioscoop

hysbyseb
reclame

golau stryd
straatlantaarn

CINEMA

stryd
straat

tacsi
taxi

cerddwr
voetganger

siop byrbrydau
kiosk

palmant
trottoir

croesfan sebra
zebrapad

bin
vuilnisbak

croesfan
kruispunt

goleuadau traffig
verkeerslichten

cwt
hut

fflat
woning

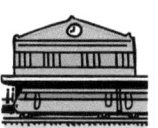

gorsaf drennau
station

neuadd y dref
stadshuis

amgueddfa
museum

ysgol
school

prifysgol

universiteit

banc

bank

ysbyty

ziekenhuis

gwesty

hotel

fferyllfa

apotheek

swyddfa

kantoor

siop lyfrau

boekwinkel

siop

winkel

siop flodau

bloemenwinkel

archfarchnad

supermarkt

farchnad

markt

siop adrannol

warenhuis

siop bysgod

vishandelaar

canolfan siopa

winkelcentrum

harbwr

haven

parc

park

banc

bank

pont

brug

grisiau

trap

rheilffordd danddaearol

metro

twnnel

tunnel

safle bws

bushalte

bar

bar

bwyty

restaurant

blwch post

brievenbus

arwydd stryd

straatnaambord

mesurydd parcio

parkeermeter

sŵ

zoo

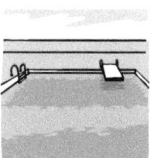

pwll nofio

zwembad

mosg

moskee

fferm
boerderij

llygredd
milieuverontreiniging

mynwent
kerkhof

eglwys
kerk

maes chwarae
speelplaats

teml
tempel

tirwedd
landschap

deilen
blad

arwydd cyfeirio
wegwijzer

ffordd
weg

dôl
weide

carreg
steen

coeden
boom

heiciwr
wandelaar

afon
rivier

glaswellt
gras

blodyn
bloem

cwm
vallei

bryn
heuvel

llyn
meer

coedwig
bos

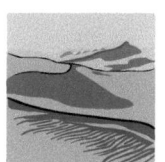

anialwch
woestijn

llosgfynydd
vulkaan

castell
kasteel

enfys
regenboog

madarchen
paddenstoel

palmwydden
palmboom

mosgito
mug

pryf
vlieg

morgrugyn
mier

gwenyn
bijl

pryf copyn
spin

chwilen

kever

llyffant

kikker

gwiwer

eekhoorn

draenog

egel

ysgyfarnog

haas

tylluan

uil

aderyn

vogel

alarch

zwaan

baedd

wild zwijn

carw

hert

elc

eland

argae

dam

tyrbin gwynt

windturbine

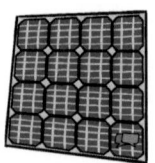

panel haul

zonnepaneel

hinsawdd

klimaat

bwyty
restaurant

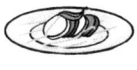

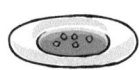

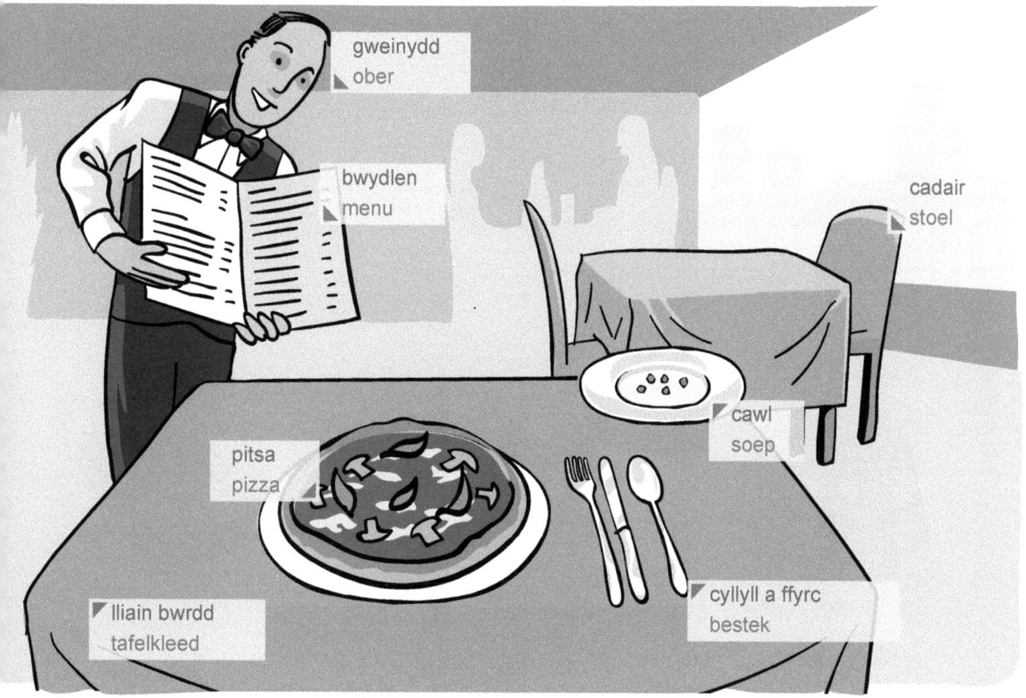
gweinydd
ober
bwydlen
menu
cadair
stoel
cawl
soep
pitsa
pizza
lliain bwrdd
tafelkleed
cyllyll a ffyrc
bestek

cwrs cyntaf

voorgerecht

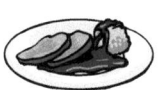

prif gwrs

hoofdgerecht

pwdin

nagerecht

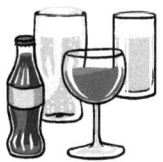

diodydd

drankjes

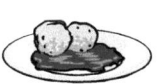

bwyd

eten

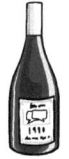

potel

fles

bwyd cyflym

fastfood

bwyd y stryd

street food

tebot

theepot

powlen siwgr

suikerpot

dogn

portie

peiriant espresso

espressomachine

cadair plentyn

kinderstoel

bil

rekening

hambwrdd

dienblad

cyllell

mes

fforc

vork

llwy

lepel

llwy de

theelepel

napcyn

serviette

gwydr

glas

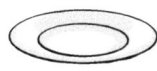

plât
bord

plât cawl
soepbord

soser
schoteltje

saws
saus

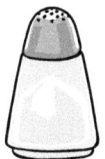

pot halen
zoutvatje

melin bupur
pepermolen

finegr
azijn

olew
olie

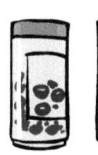

sbeisys
kruiden

saws coch
ketchup

mwstard
mosterd

mayonnaise
mayonaise

archfarchnad
supermarkt

cynnig arbennig
aanbieding
FOR
cwsmer
klant
cynnyrch llaeth
zuivelproducten
ffrwythau
fruit
troli
winkelwagen

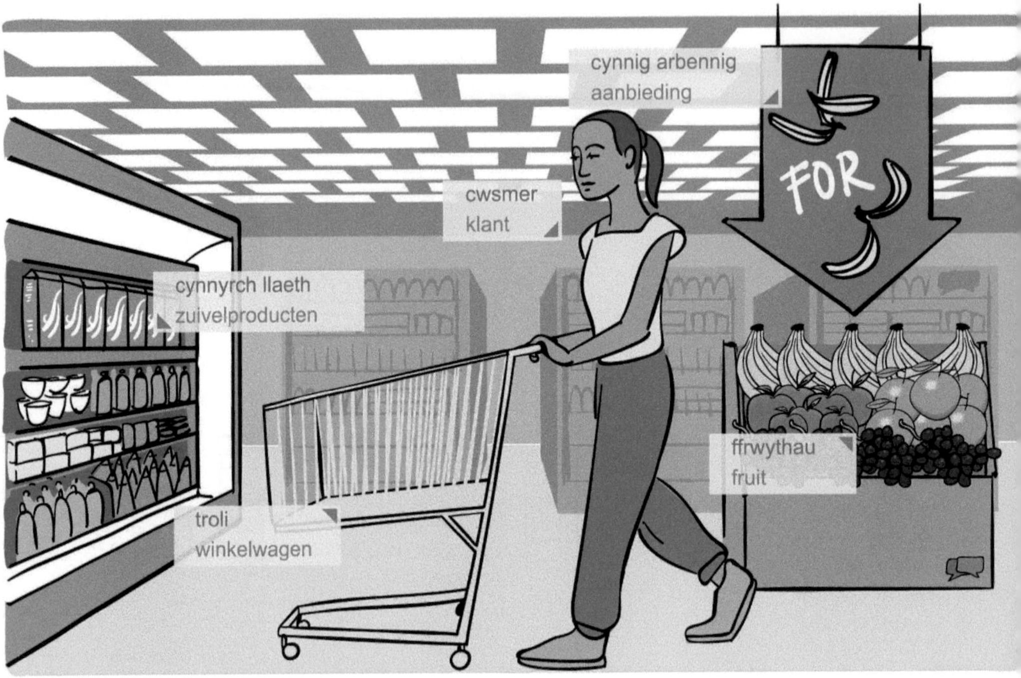

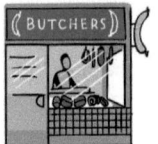

BUTCHERS

siop gig

slagerij

BAKERY

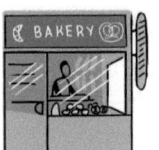

siop fara

bakkerij

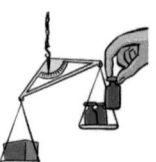

pwyso

wegen

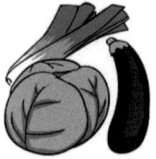

llysiau

groenten

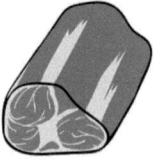

cig

vlees

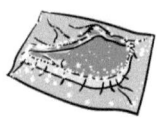

Bwyd wedi'i rewi

diepvriesvoedsel

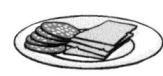

cig oer

charcuterie

bwyd tun

conserven

powdr golchi

waspoeder

da-da

snoep

cynnyrch cartref

huishoudproducten

cynhyrchion glanhau

schoonmaakproducten

gwerthwraig

verkoopster

til

kassa

ariannwr

kassier

rhestr siopa

boodschappenlijstje

oriau agor

openingstijden

waled

portefeuille

cerdyn credyd

kredietkaart

bag

tas

bag plastig

plastieken zakje

dŵr

water

sudd

sap

llefrith

melk

côc

cola

gwin

wijn

cwrw

bier

alcohol

alcohol

coco

cacao

te

thee

coffi

koffie

espresso

espresso

cappuccino

cappuccino

banana

banaan

afal

appel

oren

sinaasappel

melon

meloen

lemwn

citroen

moronen

wortel

garlleg

knoflook

bambŵ

bamboe

nionyn

ajuin

madarchen

champignon

cnau

noten

nwdls

noodles

sbageti

spaghetti

reis

rijst

salad

salade

sglodion

frieten

tatws wedi'u ffrïo

gebakken aardappelen

pitsa

pizza

hambyrger

hamburger

brechdan

sandwich

cytled

kalfslapje

ham

ham

salami

salami

selsig

worst

cyw iâr

kip

rhost

braden

pysgodyn

vis

ceirch uwd

havervlokken

miwsli

muesli

creision ŷd

cornflakes

blawd

bloem

croissant

croissant

bynsen

pistolet

bara

brood

tost

toast

bisgedi

koekjes

menyn

boter

ceuled

kwark

teisen

taart

wy

ei

wy wedi'i ffrïo

spiegelei

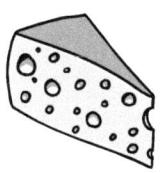

caws

kaas

bwyd - eten

hufen iâ
ijs

siwgr
suiker

mêl
honing

jam
confituur

siocled taenu
choco

cyri
curry

fferm
boerderij

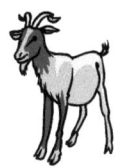

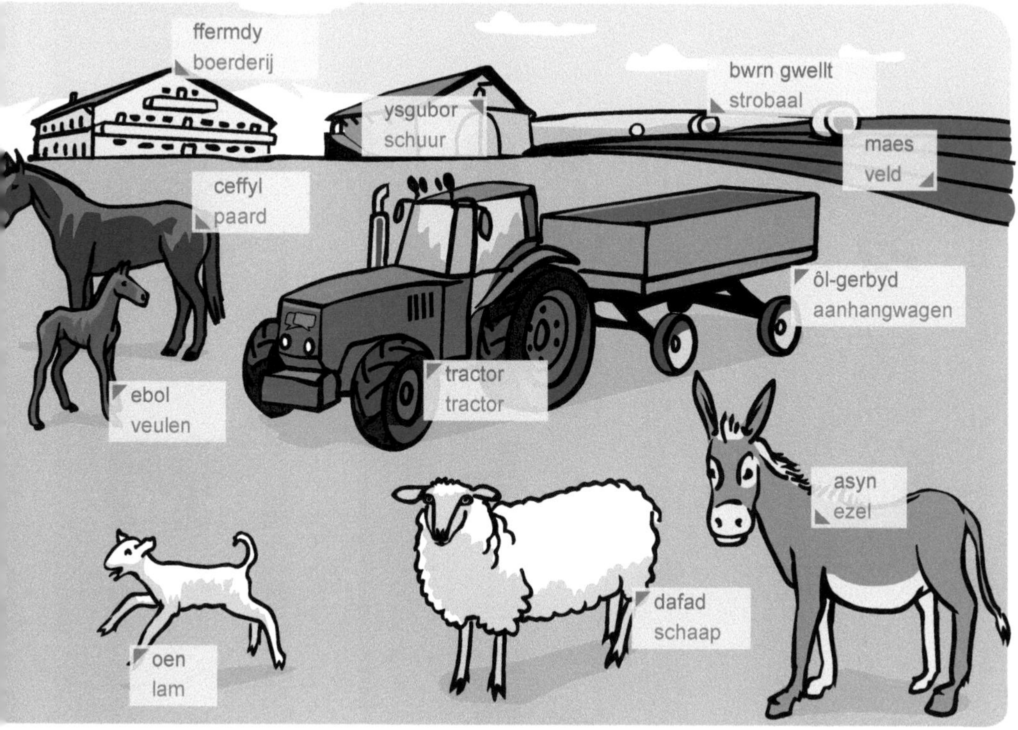

ffermdy
boerderij
ysgubor
schuur
bwrn gwellt
strobaal
maes
veld
ceffyl
paard
ôl-gerbyd
aanhangwagen
ebol
veulen
tractor
tractor
asyn
ezel
dafad
schaap
oen
lam

gafr

geit

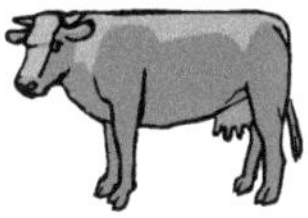

buwch

koe

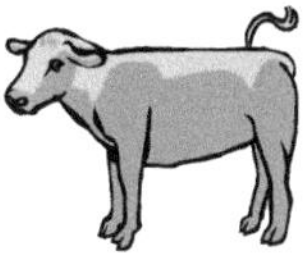

llo

kalf

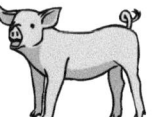

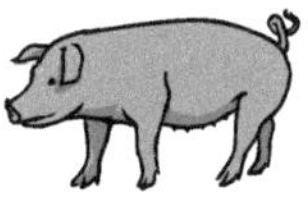

mochyn

varken

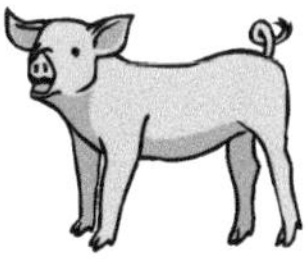

porchell

biggetje

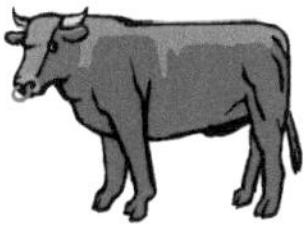

tarw

stier

gwydd

gans

hwyaden

eend

cyw

kuiken

iâr

kip

ceiliog

haan

llygoden fawr

rat

cath

kat

llygoden

muis

ych

os

ci

hond

cwt ci

hondenhok

pibell ddŵr

tuinslang

can dŵr

gieter

pladur

zeis

aradr

ploeg

cryman
sikkel

fforch chwynu
schoffel

picwarch
hooivork

bwyell
bijl

berfa
kruiwagen

cafn
trog

tun llefrith
melkkan

sach
zak

ffens
hek

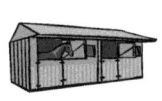

stabl
stal

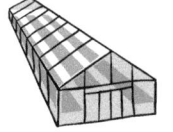

tŷ gwydr
broeikas

pridd
bodem

hedyn
zaad

gwrtaith
mest

dyrnwr medi
maaidorser

cynaeafu

oogsten

cynhaeaf

oogst

iamau

yam

gwenith

tarwe

soi

soja

tysen

aardappel

grawn

maïs

had rêp

koolzaad

coeden ffrwythau

fruitboom

manioc

maniok

grawnfwydydd

graan

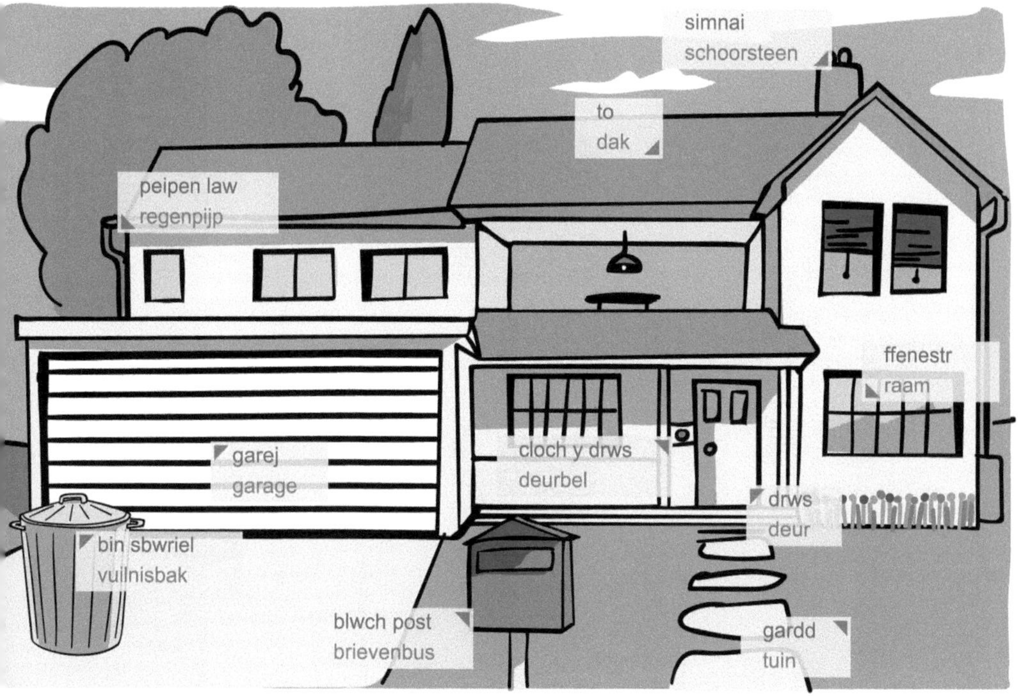

simnai
schoorsteen

to
dak

peipen law
regenpijp

ffenestr
raam

garej
garage

cloch y drws
deurbel

drws
deur

bin sbwriel
vuilnisbak

blwch post
brievenbus

gardd
tuin

lolfa
woonkamer

ystafell ymolchi
badkamer

cegin
keuken

ystafell wely
slaapkamer

ystafell plentyn
kinderkamer

ystafell fwyta
eetkamer

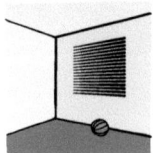

llawr
....
vloer

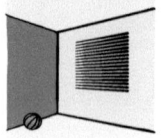

wal
....
muur

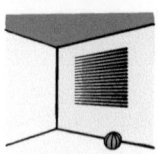

nenfwd
....
plafond

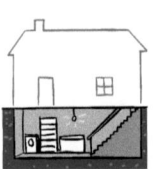

seler
....
kelder

sawna
....
sauna

balconi
....
balkon

teras
....
terras

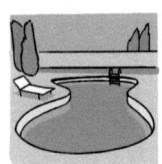

pwll
....
zwembad

peiriant torri gwair
....
grasmaaier

taflen
....
dekbedovertrek

gorchudd gwely
....
dekbed

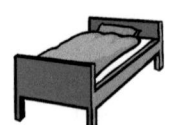

gwely
....
bed

ysgub
....
bezem

bwced
....
emmer

swits
....
schakelaar

lolfa
woonkamer

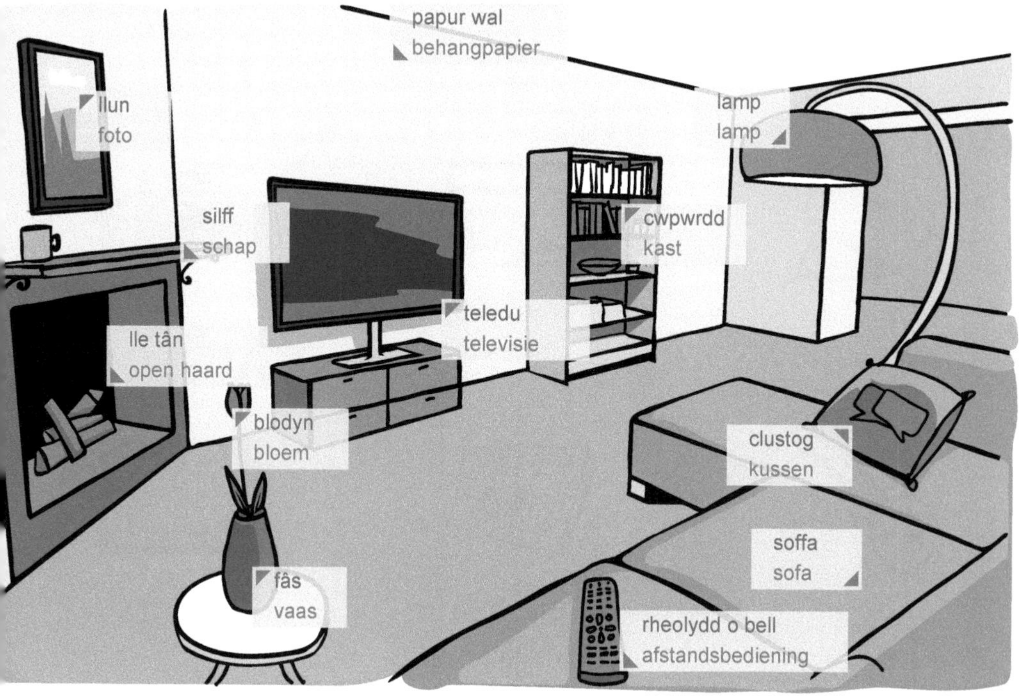

papur wal
behangpapier
llun
foto
lamp
lamp
silff
schap
cwpwrdd
kast
teledu
televisie
lle tân
open haard
blodyn
bloem
clustog
kussen
soffa
sofa
fâs
vaas
rheolydd o bell
afstandsbediening

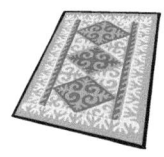

carped
mat

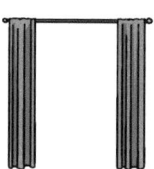

llen
gordijn

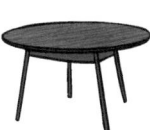

bwrdd
tafel

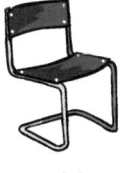

cadair
stoel

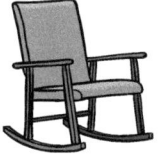

cadair siglo
schommelstoel

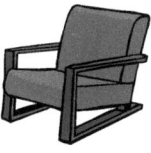

cadair freichiau
fauteuil

llyfr

boek

blanced

deken

addurn

decoratie

coed tân

brandhout

ffilm

film

hi-fi

stereo-installatie

agoriad

sleutel

papur newydd

krant

darlun

schilderij

poster

poster

radio

radio

llyfr nodiadau

notitieboekje

hwfer

stofzuiger

cactws

cactus

cannwyll

kaars

cegin
keuken

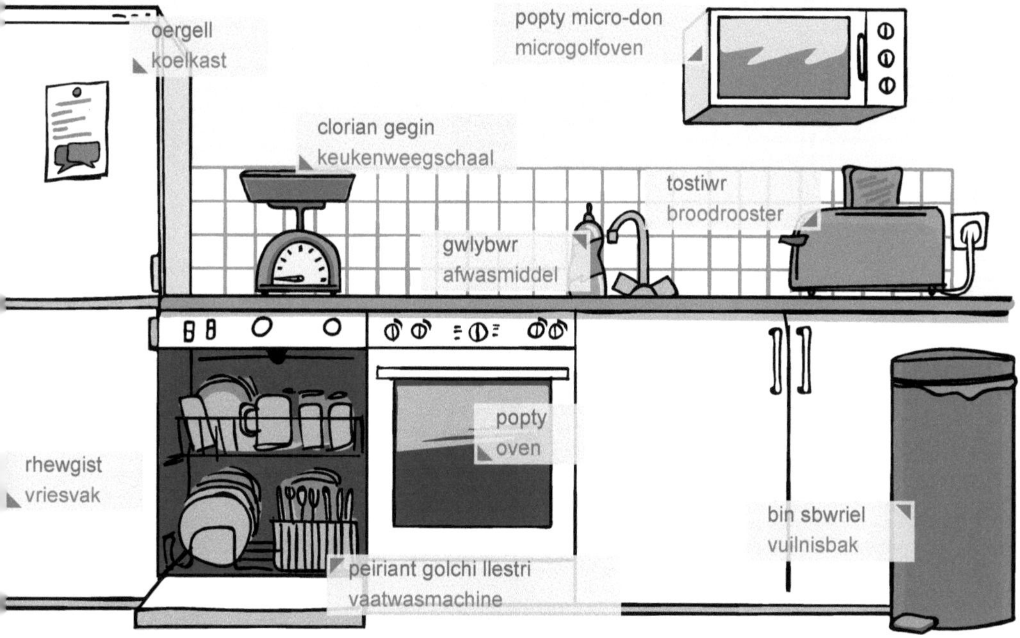
oergell
koelkast
popty micro-don
microgolfoven
clorian gegin
keukenweegschaal
tostiwr
broodrooster
gwlybwr
afwasmiddel
popty
oven
rhewgist
vriesvak
bin sbwriel
vuilnisbak
peiriant golchi llestri
vaatwasmachine

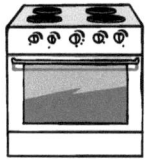

popty
fornuis

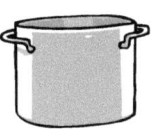

pot
pot

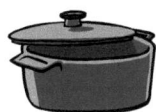

pot haearn bwrw
gietijzeren pot

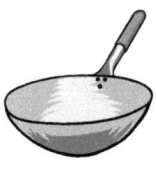

wok / kadai
wok / kadai

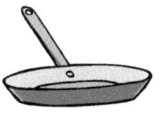

padell
pan

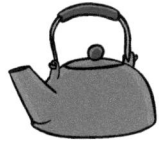

tegell
waterkoker

sosban stemio

stoomkoker

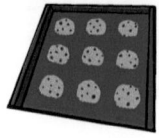

hambwrdd pobi

bakplaat

llestri

servies

mwg

mok

powlen

kom

gweill bwyta

eetstokjes

lletwad

pollepel

ysbodol

spatel

chwisg

garde

hidlydd

vergiet

gogr

zeef

gratiwr

rasp

morter

mortier

barbeciw

barbecue

tân agored

haardvuur

bwrdd torri cig
....
snijplank

rholbren
....
deegrol

tynnwr corcyn
....
kurkentrekker

tun
....
blik

peth agor tuniau
....
blikopener

clwt pot
....
pannenlap

sinc
....
gootsteen

brws
....
borstel

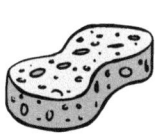

sbwng
....
spons

peiriant cymysgu
....
blender

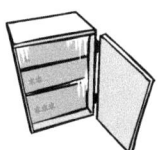

rhewgell
....
vriezer

potel babi
....
papfles

tap
....
kraan

ystafell ymolchi
badkamer

cawod
douche
gwres
verwarming
tywel
handdoek
llen gawod
douchegordijn
baddon ewyn
bubbelbad
baddon
badkuip
gwydr
glas
peiriant golchi
wasmachine
tap
kraan
teils
tegels
potyn
kinderpo
sinc
gootsteen

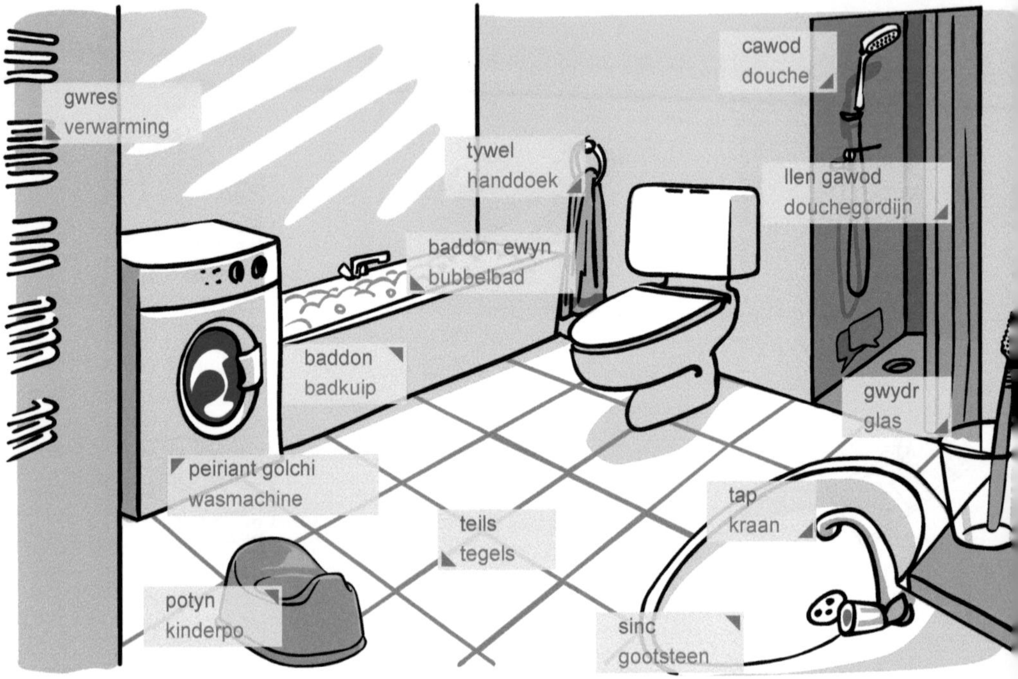

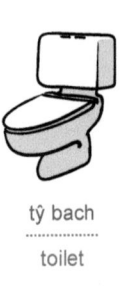

tŷ bach

toilet

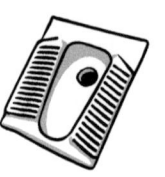

toiled cyrcydu

hurktoilet

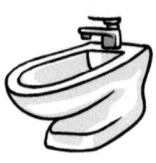

bidet

bidet

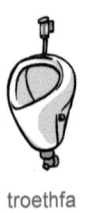

troethfa

urinoir

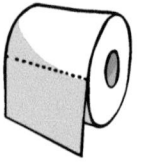

papur tŷ bach

toiletpapier

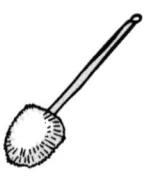

brws tŷ bach

toiletborstel

brws dannedd

tandenborstel

past dannedd

tandpasta

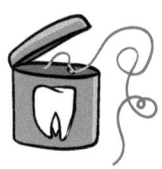

edau ddannedd

flosdraad

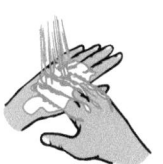

golchi

wassen

cawod llaw

handdouche

golchfa

bidethanddouche

basn

waskom

brws-ôl

rugborstel

sebon

zeep

gel cawod

douchegel

siampŵ

shampoo

gwlanen

washandje

ffos

afvoer

hufen

crème

diaroglydd

deodorant

drych

spiegel

drych llaw

handspiegel

rasel

scheermes

ewyn eillio

scheerschuim

sent eillio

aftershave

crib

kam

brws

borstel

sychwr gwallt

haardroger

chwistrell gwallt

haarlak

colur

make-up

minlliw

lippenstift

farnais ewinedd

nagellak

gwlân cotwm

watten

siswrn ewinedd

nagelknipper

persawr

parfum

bag ymolchi

toilettas

stôl

kruk

clorian

weegschaal

gŵn baddon

badjas

menig rwber

latex handschoenen

tampon

tampon

tywel misglwyf

maandverband

toiled cemegol

chemisch toilet

ystafell plentyn
kinderkamer

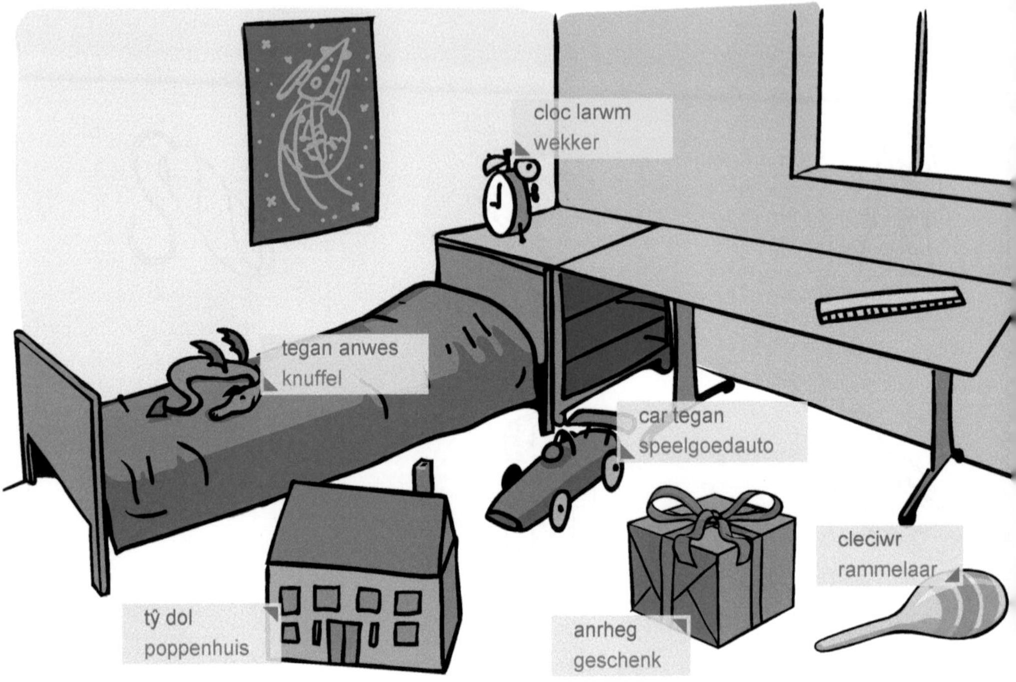

cloc larwm
wekker
tegan anwes
knuffel
car tegan
speelgoedauto
cleciwr
rammelaar
tŷ dol
poppenhuis
anrheg
geschenk

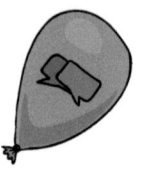

balŵn

ballon

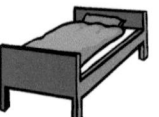

gwely

bed

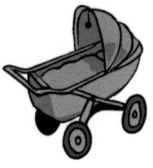

pram

kinderwagen

pecyn o gardiau

spel kaarten

jig-so

puzzel

SUPER MEGA

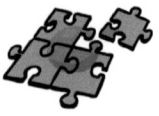

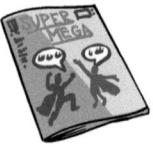

comic

stripboek

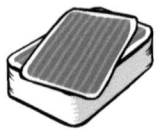

brics Lego

legoblokjes

blociau adeiladu

blokken

ffigur gweithredu

actiefiguur

babygro

kruippakje

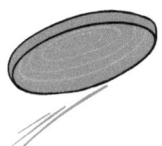

ffrisbi

frisbee

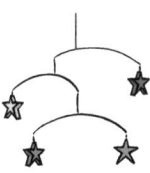

symudyn

mobiel

gêm fwrdd

bordspel

deis

dobbelsteen

set model trên

modelspoorweg

teth lwgu

fopspeen

parti

feest

llyfr lluniau

prentenboek

pêl

bal

dol

pop

chwarae

spelen

pwll tywod

zandbak

swing

schommel

teganau

speelgoed

consol gemau fideo

spelconsole

beic tair olwyn

driewieler

tedi

knuffelbeer

cwpwrdd dillad

kleerkast

dillad
kleding

hosanau

sokken

hosanau

kousen

teits

maillot

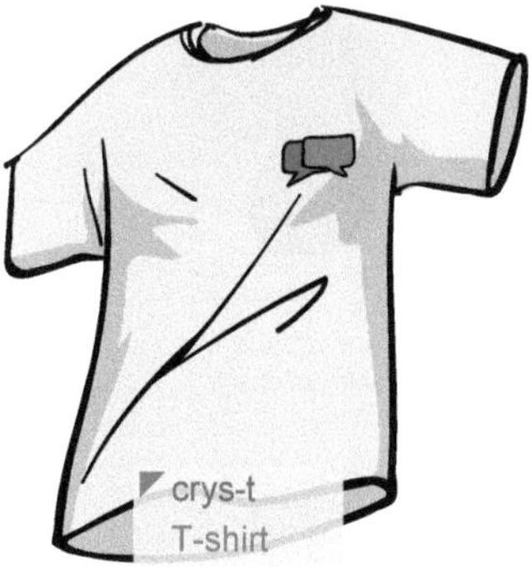

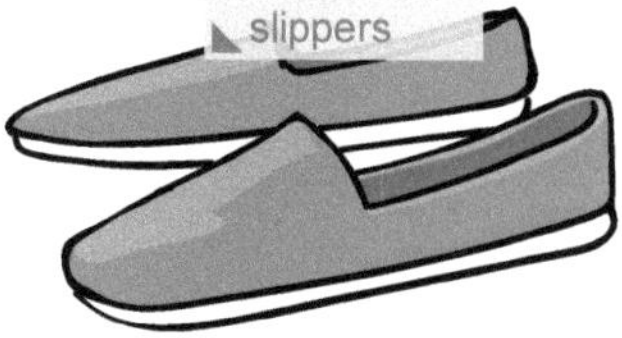

sgarff
sjaal

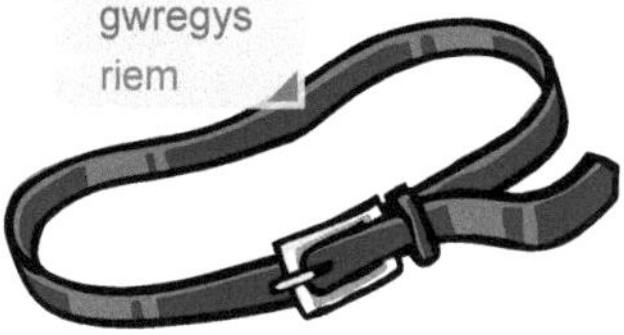

ymbarél
paraplu

crys-t
T-shirt

gwregys
riem

esgidiau
laarzen

sliperi
slippers

esidiau ymarfer
sneakers

sandalau
sandalen

esgidiau
schoenen

esgidiau rwber
rubberlaarzen

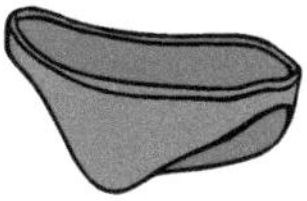

trôns
onderbroek

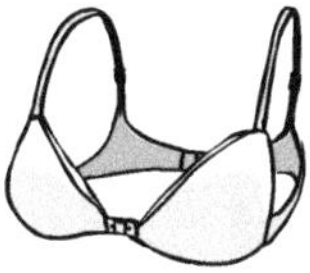

bra
beha

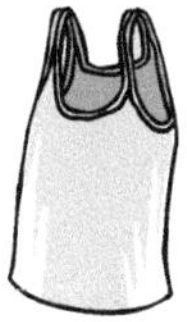

fest
onderhemd

dillad - kleding

45

corff
lichaam

trowsus
broek

jîns
jeans

sgert
rok

blows
blouse

crys
hemd

pwlofer
trui

hwdi
capuchontrui

blaser
blazer

siaced
jas

côt
jas

côt law
regenjas

gwisg
kostuum

gŵn
jurk

gwisg briodas
trouwjurk

siwt

pak

gŵn nos

nachthemd

pyjamas

pyjama

sari

sari

sgarff pen

hoofddoek

tyrban

tulband

bwrca

boerka

cafftan

kaftan

abaya

abaya

gwisg nofio

badpak

trowsus nofio

zwembroek

siorts

short

tracwisg

trainingspak

ffedog

schort

menig

handschoenen

botwm

knoop

sbectol

bril

breichled

armband

cadwyn

ketting

modrwy

ring

clustdlws

oorbel

cap

pet

cambren

kapstok

het

hoed

tei

das

sip

rits

helmed

helm

fframiau danedd

bretellen

gwisg ysgol

schooluniform

gwisg

uniform

bib
slabbetje

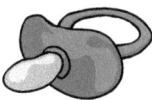

teth lwgu
fopspeen

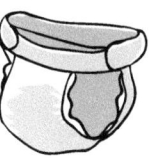

cewyn
luier

swyddfa
kantoor

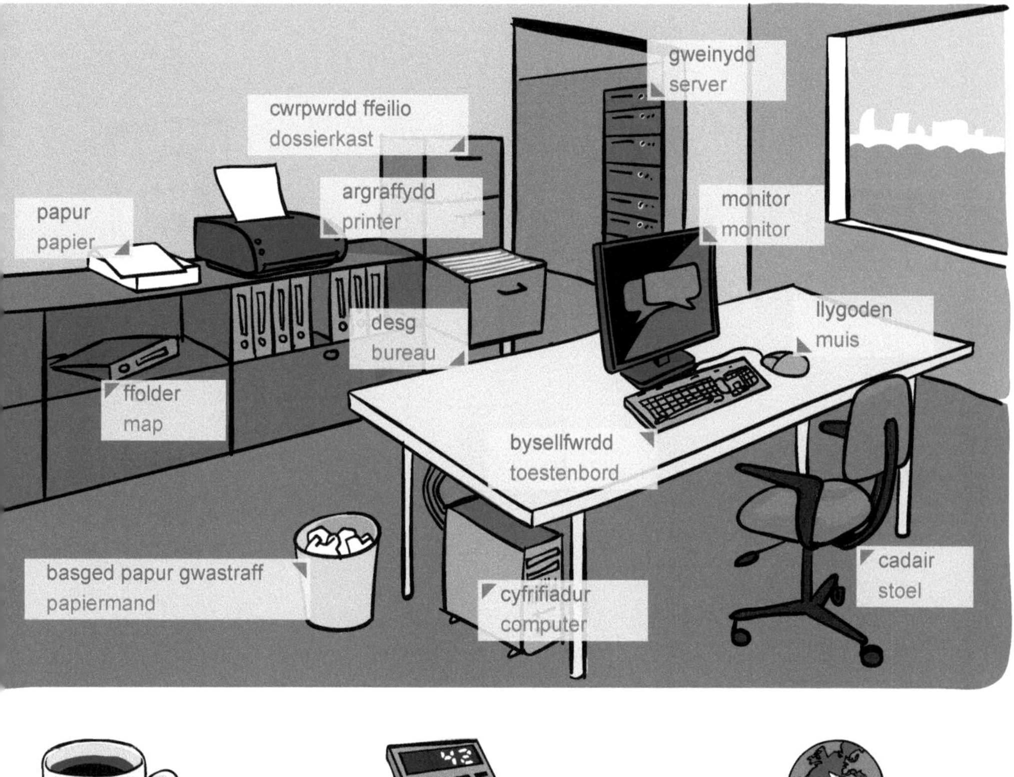

gweinydd
server

cwrpwrdd ffeilio
dossierkast

argraffydd
printer

monitor
monitor

papur
papier

desg
bureau

llygoden
muis

ffolder
map

bysellfwrdd
toestenbord

basged papur gwastraff
papiermand

cadair
stoel

cyfrifiadur
computer

mwg coffi
koffiemok

cyfrifiannell
rekenmachine

rhyngrwyd
internet

gliniadur

laptop

llythyr

brief

neges

bericht

ffôn symudol

gsm

rhwydwaith

netwerk

llungopïwr

kopieerapparaat

meddalwedd

software

teleffon

telefoon

soced plwg

stopcontact

peiriant ffacs

fax

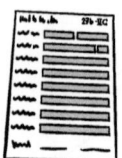

ffurflen

formulier

dogfen

document

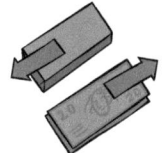

prynu

kopen

talu

betalen

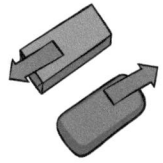

masnachu

handelen

arian

geld

doler

dollar

ewro

euro

yen

yen

rwbl

roebel

ffranc y Swistir

Zwitserse frank

yuan renminbi

Chinese renminbi

rwpi

roepie

peiriant arian

geldautomaat

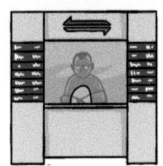

swyddfa gyfnewid

wisselkantoor

aur

goud

arian

zilver

olew

olie

ynni

energie

pris

prijs

contract

contract

treth

belasting

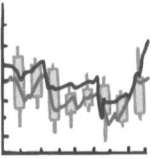

stoc

aandeel

gweithio

werken

cyflogai

werknemer

cyflogwr

werkgever

ffatri

fabriek

siop

winkel

swyddi
beroepen

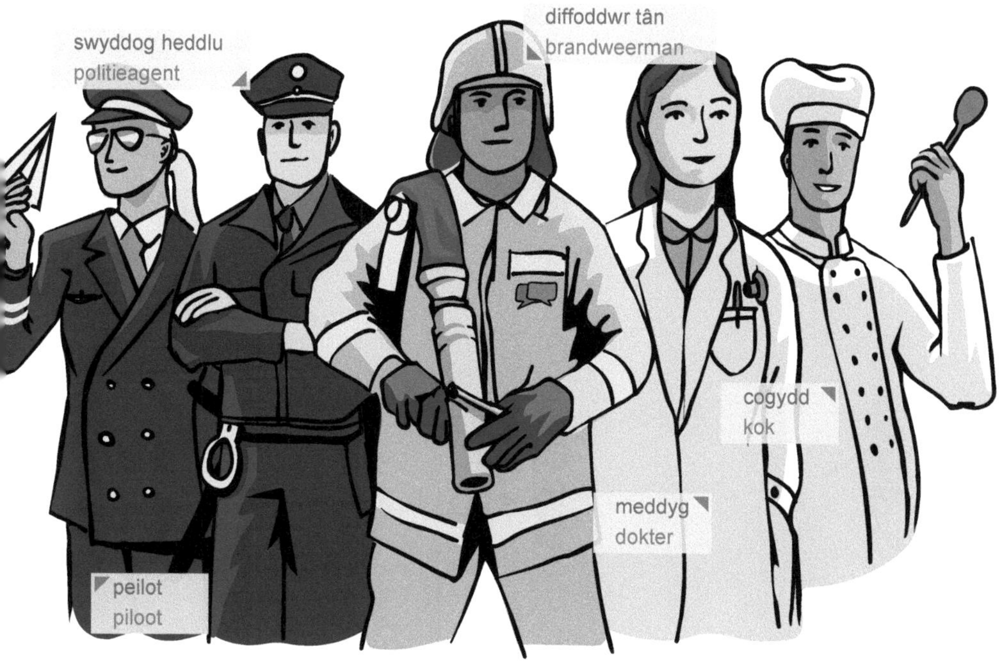
swyddog heddlu
politieagent
diffoddwr tân
brandweerman
cogydd
kok
meddyg
dokter
peilot
piloot

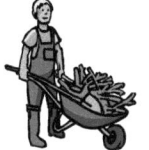

garddwr

tuinman

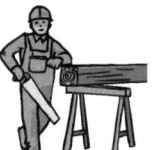

saer

timmerman

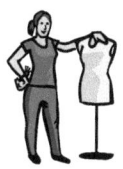

gwniadwraig

naaister

barnwr

rechter

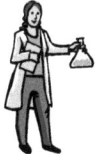

fferyllydd

chemicus

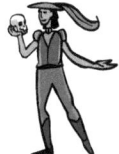

actor

acteur

gyrrwr bws

buschauffeur

gyrrwr tacsi

taxichauffeur

pysgotwr

visser

glanhawraig

schoonmaakster

töwr

dakdekker

gweinydd

ober

heliwr

jager

paentiwr

schilder

pobydd

bakker

trydanwr

elektricien

adeiladwr

bouwvakker

peiriannydd

ingenieur

cigydd

slager

plymiwr

loodgieter

dyn y post

postbode

milwr
soldaat

pensaer
architect

ariannwr
kassier

gwerthwr blodau
bloemist

triniwr gwallt
kapper

archwiliwr tocynnau
rheilffordd
conducteur

mecanydd
mecanicien

capten
kapitein

deintydd
tandarts

gwyddonydd
wetenschapper

rabi
rabbijn

imam
imam

mynach
monnik

clerigwr
geestelijke

offer
werktuigen

morthwyl
hamer
gefail
tang
tyrnsgriw
schroevendraaier
sbaner
schroefsleutel
fflashlamp
zaklamp

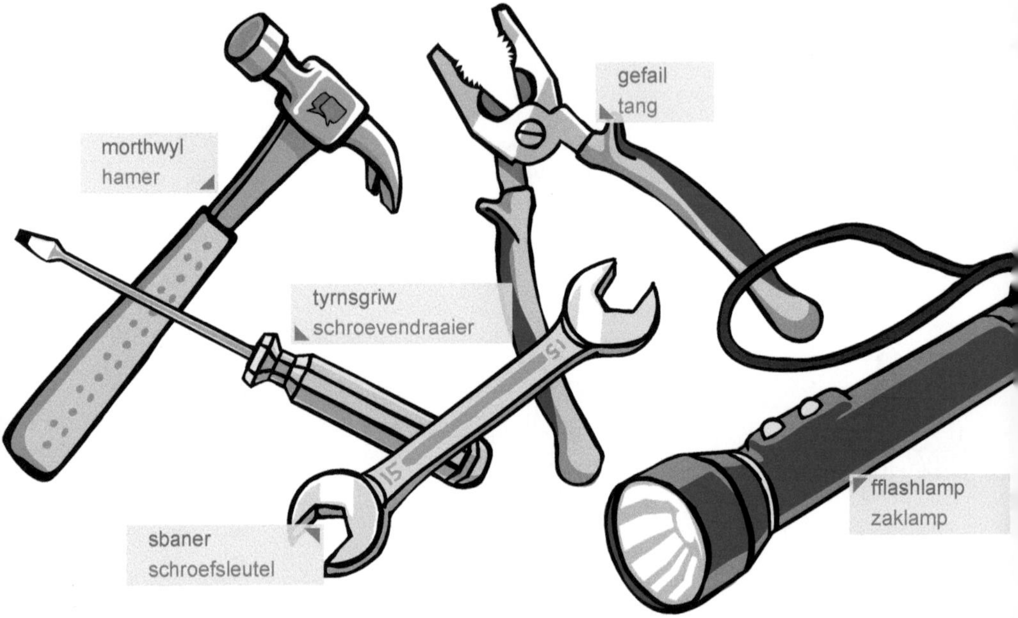

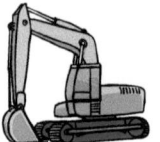

turiwr

graafmachine

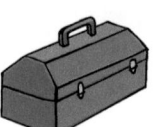

blwch offer

gereedschapskoffer

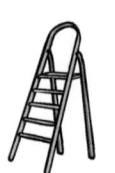

ysgol

ladder

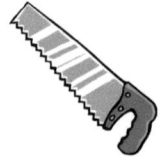

llif

zaag

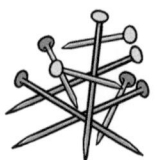

hoelion

spijkers

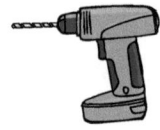

dril

boormachine

trwsio
....
repareren

rhaw
....
schop

Daria!
....
Verdomme!

rhaw lwch
....
blik

pot paent
....
verfpot

sgriwiau
....
schroeven

offerynnau cerdd

muziekinstrumenten

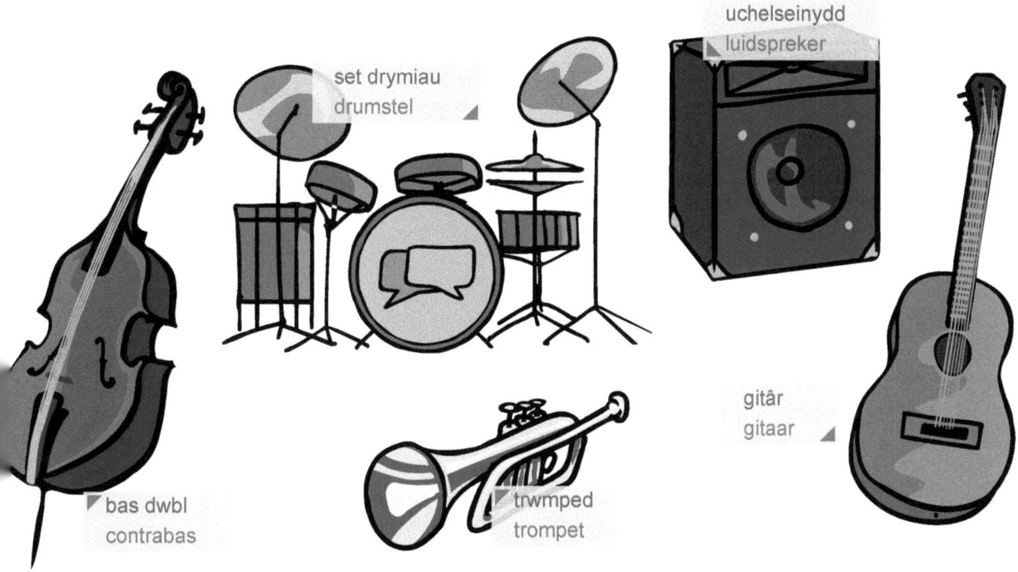

set drymiau
drumstel

uchelseinydd
luidspreker

gitâr
gitaar

bas dwbl
contrabas

trwmped
trompet

piano

piano

ffidil

viool

bas

basgitaar

timpani

pauk

drymiau

trommels

cyweirfwrdd

keyboard

sacsoffon

saxofoon

ffliwt

fluit

meicroffon

microfoon

teigr
tijger

mynediad
ingang

cawell
kooi

sebra
zebra

bwyd anifeiliaid
diereneten

panda
panda

anifeiliaid
dieren

eliffant
olifant

cangarŵ
kangoeroe

rhinoseros
neushoorn

gorila
gorilla

arth
beer

camel
kameel

estrys
struisvogel

llew
leeuw

mwnci
aap

fflamingo
flamingo

parot
papegaai

arth wen
ijsbeer

pengwin
pinguïn

siarc
haai

paun
pauw

neidr
slang

crocodeil
krokodil

gofalwr sŵ
dierenverzorger

morlo
zeehond

jagwar
jaguar

merlyn
pony

llewpard
luipaard

hipo
nijlpaard

jiráff
giraffe

eryr
adelaar

baedd
wild zwijn

pysgodyn
vis

crwban
zeeschildpad

walrws
walrus

llwynog
vos

gafrewig
gazelle

pêl-droed America
rugby

beicio
wielrennen

tennis
tennis

pêl-fasged
basketbal

nofio
zwemmen

hoci iâ
ijshockey

bocsio
boksen

pêl-droed

voetbal

badminton

badminton

athletau

atletiek

pêl-law

handbal

sgïo

skiën

polo

polo

gweithgareddau
activiteiten

chwerthin
lachen
neidio
springen
cofleidio
knuffelen
cerdded
wandelen
canu
zingen
breuddwydio
dromen
gweddïo
bidden
cusanu
kussen

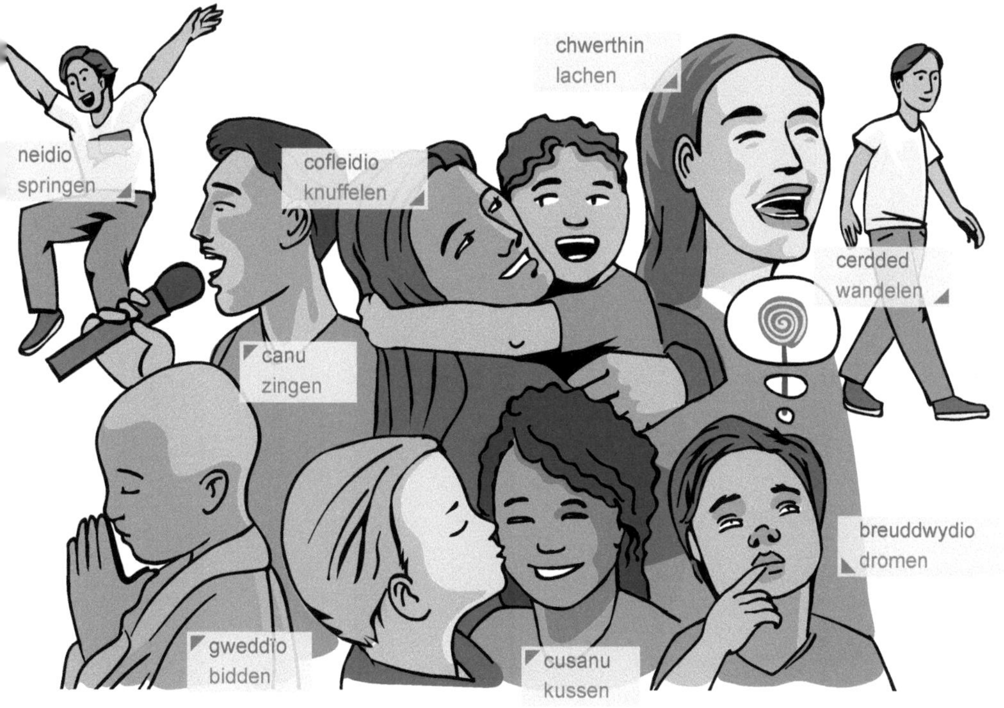

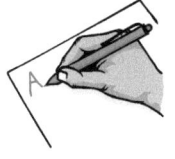

ysgrifennu

schrijven

arlunio

tekenen

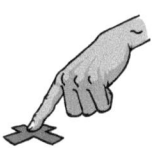

dangos

tonen

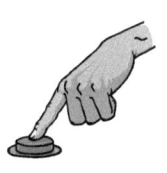

gwthio

duwen

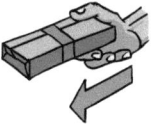

rhoi

geven

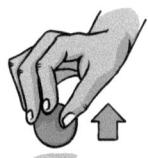

cymryd

nemen

bod gan

hebben

gwneud

doen

bod

zijn

sefyll

staan

rhedeg

lopen

tynnu

trekken

taflu

gooien

disgyn

vallen

gorwedd

liggen

aros

wachten

cario

dragen

eistedd

zitten

gwisgo amdanoch

aankleden

cysgu

slapen

deffro

ontwaken

edrych ar

kijken naar

crïo

wenen

anwesu

aaien

cribo

kammen

siarad

praten

deall

begrijpen

gofyn

vragen

gwrando

luisteren

yfed

drinken

bwyta

eten

tacluso

opruimen

caru

houden van

coginio

koken

gyrru

rijden

hedfan

vliegen

hwylio

zeilen

cyfrifo

rekenen

darllen

Lezen

dysgu

leren

gweithio

werken

priodi

trouwen

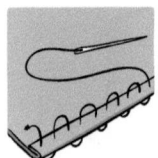

gwnïo

naaien

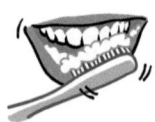

brwsio dannedd

tandenpoetsen

lladd

doden

ysmygu

roken

anfon

sturen

teulu
familie

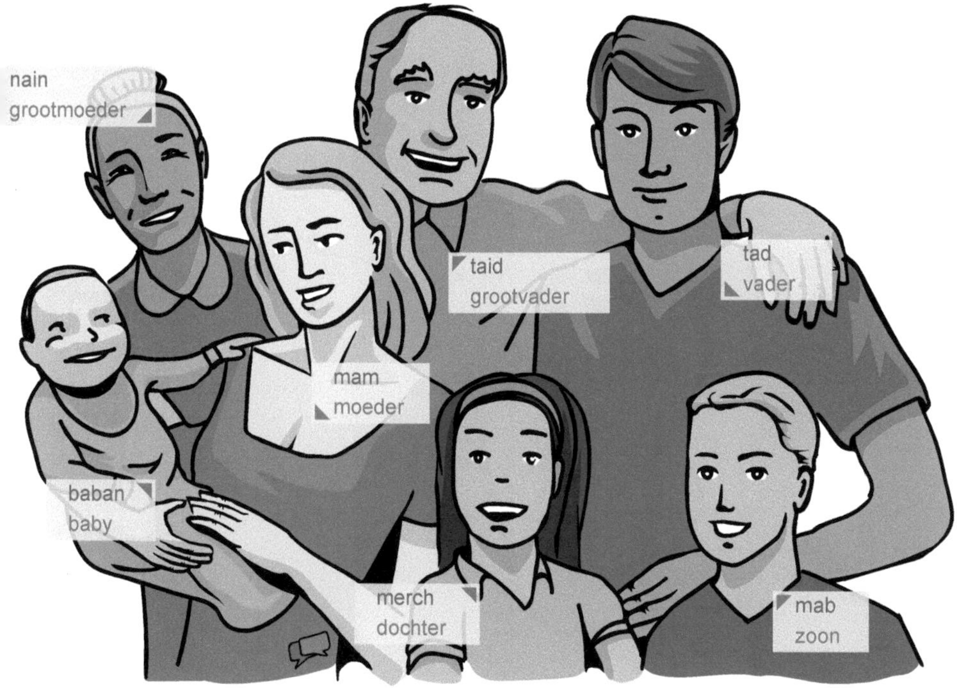

nain
grootmoeder
taid
grootvader
tad
vader
mam
moeder
baban
baby
merch
dochter
mab
zoon

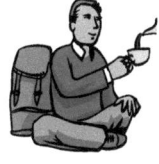

gwestai

gast

modryb

tante

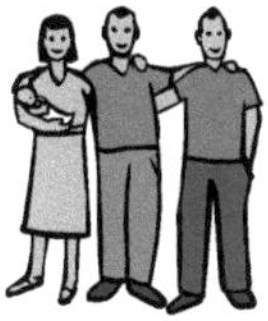

ewythr

oom

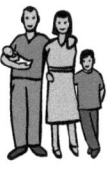

brawd

broer

chwaer

zus

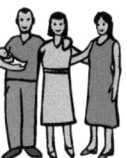

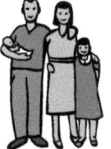

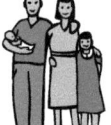

corff
lichaam

talcen
voorhoofd
llygad
oog
ysgwydd
schouder
bys
vinger
wyneb
gezicht
gên
kin
llaw
hand
coes
been
bron
borst
braich
arm

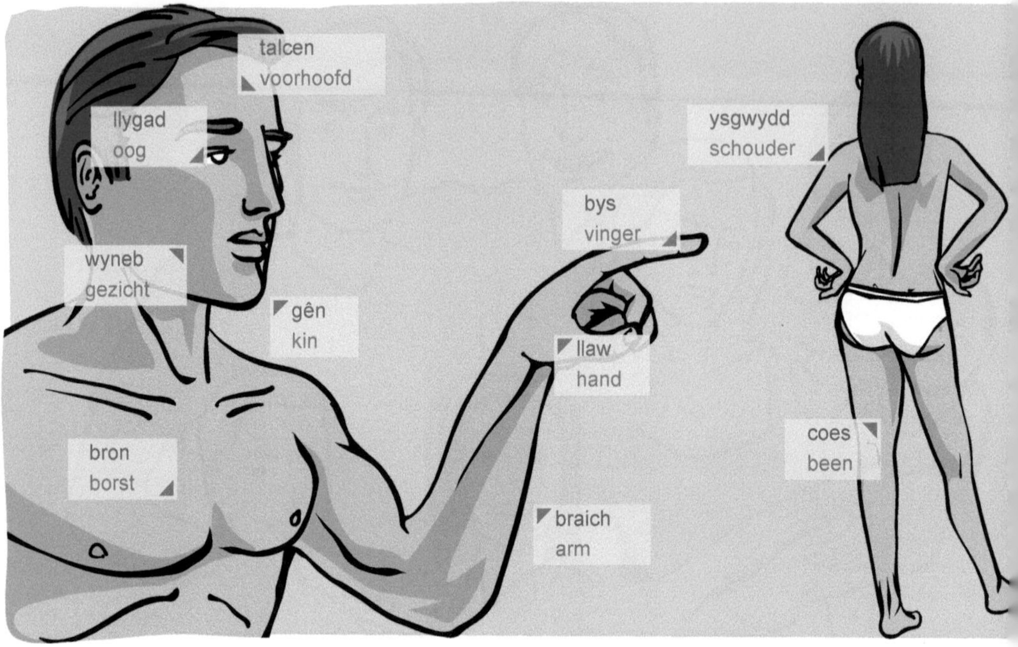

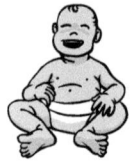

baban
baby

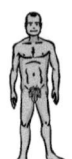

dyn
man

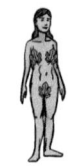

gwraig
vrouw

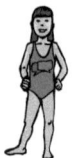

geneth
meisje

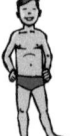

bachgen
jongen

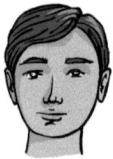

pen
hoofd

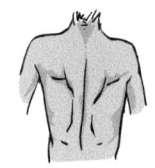

cefn
rug

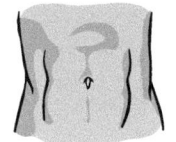

bel
buik

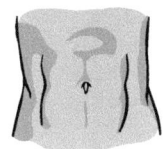

bogail
navel

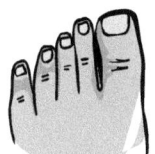

bys troed
teen

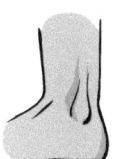

sawdl
hiel

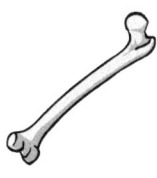

asgwrn
bot

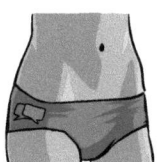

clun
heup

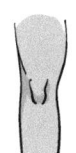

pen-glin
knie

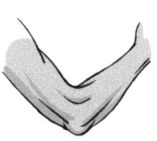

penelin
elleboog

trwyn
neus

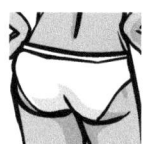

pen ôl
zitvlak

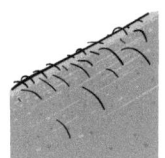

croen
huid

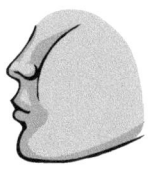

boch
wang

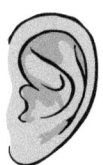

clust
oor

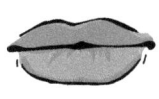

gwefus
lip

ceg

mond

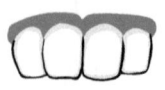

dant

tand

tafod

tong

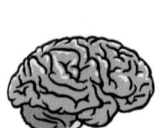

ymennydd

hersenen

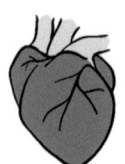

calon

hart

cyhyr

spier

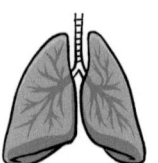

ysgyfaint

long

iau

lever

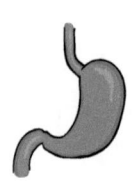

stumog

maag

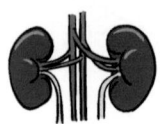

arennau

nieren

rhyw

seks

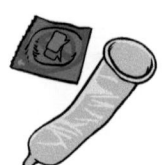

condom

condoom

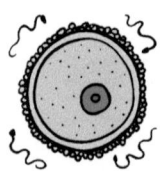

ofwm

eicel

semen

sperma

beichiogrwydd

zwangerschap

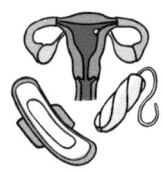

mislif
menstruatie

fagina
vagina

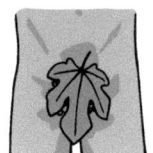

pidyn
penis

ael
wenkbrauw

gwallt
haar

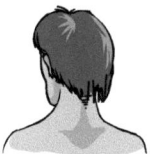

gwddf
nek

ysbyty

ziekenhuis

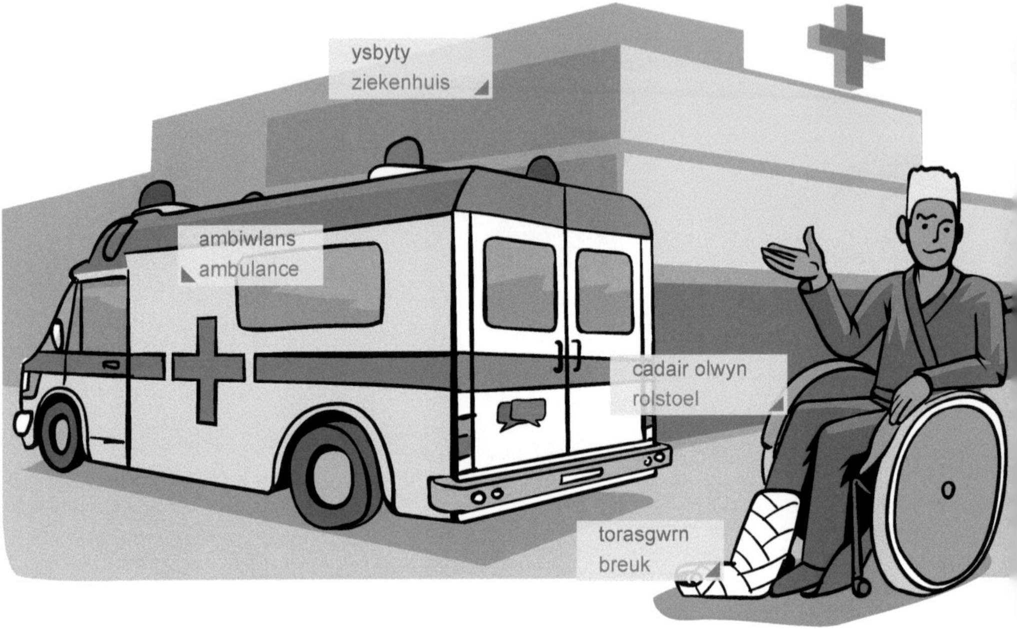

ysbyty
ziekenhuis
ambiwlans
ambulance
cadair olwyn
rolstoel
torasgwrn
breuk

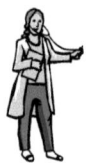

meddyg
dokter

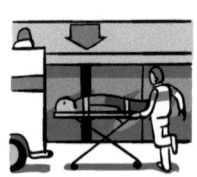

ystafell argyfwng
spoed

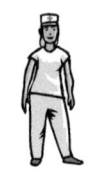

nyrs
verpleegkundige

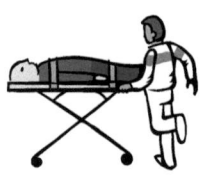

argyfwng
noodgeval

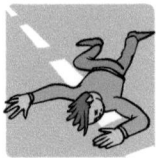

anymwybodol
bewusteloos

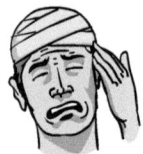

poen
pijn

anaf

verwonding

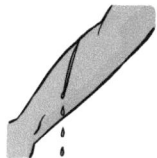

gwaedu

bloeding

trawiad ar y galon

hartaanval

strôc

beroerte

alergedd

allergie

peswch

hoest

twymyn

koorts

ffliw

griep

dolur rhydd

diarree

cur pen

hoofdpijn

canser

kanker

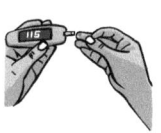

diabetes

diabetes

llawfeddyg

chirurg

fflaim

scalpel

gweithrediad

operatie

CT

CT

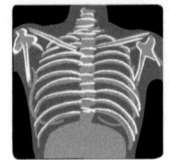

pelydr-x

röntgenstraal

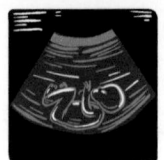

uwchsain

ultrageluid

mwgwd wyneb

gezichtsmasker

clefyd

ziekte

ystafell aros

wachtkamer

bagl

kruk

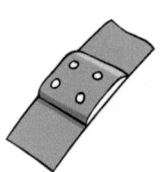

plastr

pleister

rhwymyn

verband

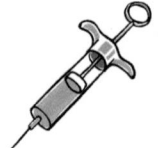

pigiad

injectie

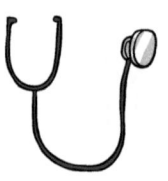

stethosgop

stethoscoop

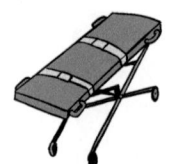

elorwely

brancard

thermomedr clinigol

thermometer

genedigaeth

geboorte

dros bwysau

overgewicht

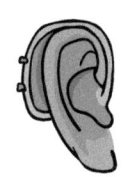

cymorth clyw

hoorapparaat

diheintydd

ontsmettingsmiddel

haint

infectie

firws

virus

HIV / AIDS

HIV / AIDS

meddygaeth

medicijn

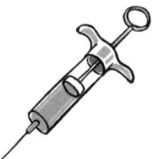

brechiad

vaccinatie

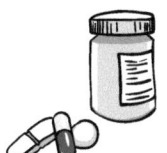

tabledi

tabletten

y bilsen

pil

galwad frys

noodoproep

monitor pwysau gwaed

bloeddrukmeter

yn sâl / yn iach

ziek / gezond

Help!

Help!

larwm

alarm

ymosodiad

overval

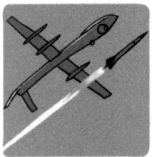

ymosodiad

aanval

perygl

gevaar

allanfa argyfwng

nooduitgang

Tân!

Brand!

diffoddwr tân

brandblusser

damwain

ongeval

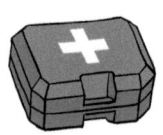

pecyn cymorth cyntaf

EHBO-kit

SOS

SOS

heddlu

politie

Ewrop

Europa

Gogledd America

Noord-Amerika

De America

Zuid-Amerika

Affrica

Afrika

Asia

Azië

Awstralia

Australië

Iwerydd

Atlantische Oceaan

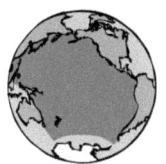

y Môr Tawel

Stille Oceaan

Cefnfor yr India

Indische Oceaan

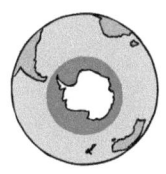

Cefnfor yr Antarctig

Antarctische Oceaan

Cefnfor yr Arctig

Arctische Oceaan

Pegwn y Gogledd

Noordpool

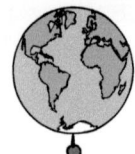

Pegwn y De

Zuidpool

Antarctica

Antarctica

y Ddaear

aarde

tir

land

môr

zee

ynys

eiland

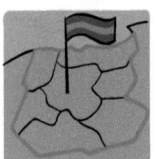

cenedl

natie

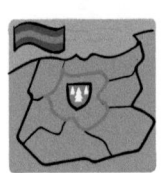

gwladwriaeth

staat

wyneb cloc

wijzerplaat

bys awr

uurwijzer

bys munud

minuutwijzer

bys eiliad

secondewijzer

Faint o'r gloch yw hi?

Hoe laat is het?

dydd

dag

amser

tijd

yn awr

nu

cloc digidol

digitale horloge

munud

minuut

awr

uur

wythnos
week

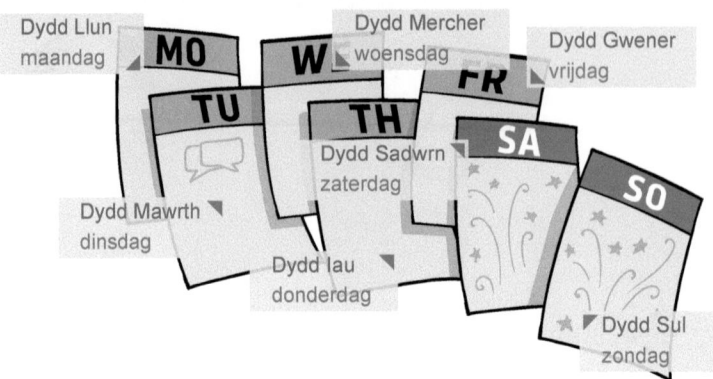

Dydd Llun
maandag

MO

W
Dydd Mercher
woensdag

FR
Dydd Gwener
vrijdag

TU

TH

SA

SO

Dydd Mawrth
dinsdag

Dydd Sadwrn
zaterdag

Dydd Iau
donderdag

Dydd Sul
zondag

ddoe
gisteren

heddiw
vandaag

yfory
morgen

bore
ochtend

canol dydd
middag

noswaith
avond

diwrnodiau busnes
werkdagen

penwythnos
weekend

glaw
regen

enfys
regenboog

eira
sneeuw

gwynt
wind

gwanwyn
lente

hydref
herfst

haf
zomer

gaeaf
winter

4.APRIL	11°	☀
5.APRIL	4°	☁
6.APRIL	13°	🌧
7.APRIL	8°	☀
8.APRIL	10°	☀

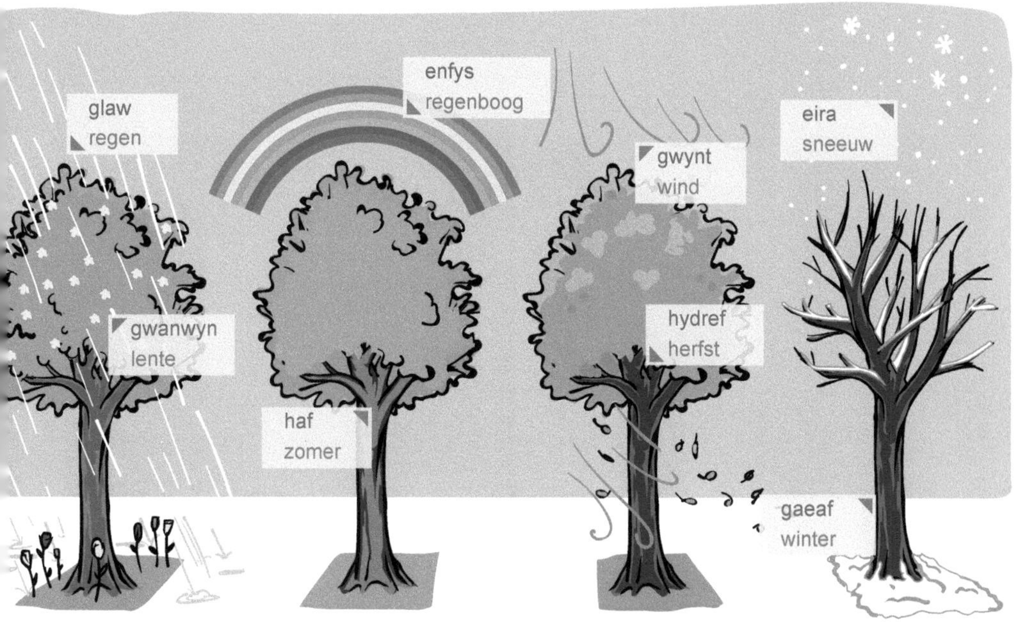

rhagolygon y tywydd

weervoorspelling

thermomedr

thermometer

heulwen

zonneschijn

cwmwl

wolk

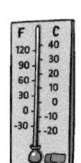

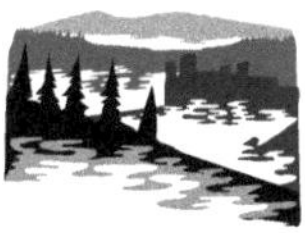

niwl tew

mist

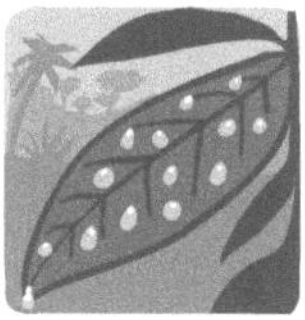

lleithder

vochtigheid

mellt

bliksem

taranau

donder

storm

storm

cenllysg

hagel

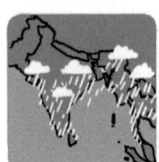

monswn

moesson

llif

overstroming

iâ

ijs

Ionawr

januari

Chwefror

februari

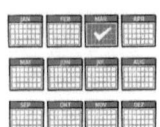

Mawrth

maart

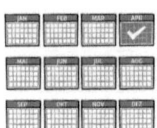

Ebrill

april

Mai

mei

Mehefin

juni

Gorffennaf

juli

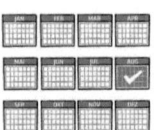

Awst

augustus

Medi
....
september

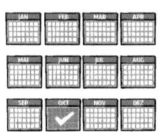

Hydref
....
oktober

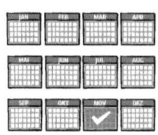

Tachwedd
....
november

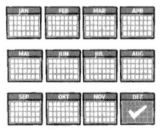

Rhagfyr
....
december

cylch
....
cirkel

sgwâr
....
kwadraat

petryal
....
rechthoek

triongl
....
driehoek

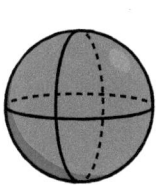

sffêr
....
bol

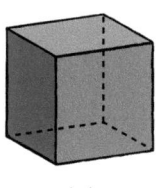

ciwb
....
kubus

gwyn
....
wit

melyn
....
geel

oren
....
oranje

pinc
....
roze

coch
....
rood

porffor
....
paars

glas
....
blauw

gwyrdd
....
groen

brown
....
bruin

llwyd
....
grijs

du
....
zwart

llawer / ychydig

veel / weinig

dig / tawel

boos / kalm

hardd / hyll

mooi / lelijk

dechrau / diwedd

begin / einde

mawr / bach

groot / klein

llachar / tywyll

licht / donker

brawd / chwaer

broer / zus

glân / budr

proper / vuil

gyflawn / anghyflawn

volledig / onvolledig

dydd / nos

dag / nacht

farw / yn fyw

dood / levend

llydan / cul

breed / smal

bwytadwy / anfwytadwy

....

eetbaar / oneetbaar

drwg / caredig

....

kwaadaardig / vriendelijk

llawn cyffro / diflasu

....

opgewonden / verveeld

tew / tenau

....

dik / dun

cyntaf / olaf

....

eerst / laatst

cyfaill / gelyn

....

vriend / vijand

llawn / gwag

....

vol / leeg

caled / meddal

....

hard / zacht

trwm / ysgafn

....

zwaar / licht

wedi newynnu / yn sychedig

....

honger / dorst

yn sâl / yn iach

....

ziek / gezond

anghyfreithlon / cyfreithiol

....

illegaal / legaal

deallus / twp

....

intelligent / dom

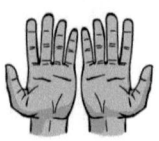

chwith / dde

....

links / rechts

agos / pell

....

dichtbij / veraf

ewydd / wedi'i ddefnyddio
....
nieuw / gebruikt

dim / rhywbeth
....
niets / iets

hen / ifanc
....
oud / jong

ymlaen / i ffwrdd
....
aan / uit

ar agor / ar gau
....
open / dicht

tawel / uchel
....
stil / luid

cyfoethog / tlawd
....
rijk / arm

cywir / anghywir
....
juist / fout

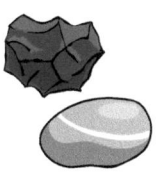

garw / llyfn
....
ruw / glad

trist / hapus
....
droevig / blij

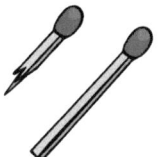

byr / hir
....
kort / lang

araf / cyflym
....
traag / snel

gwlyb / sych
....
nat / droog

cynnes / claear
....
warm / koud

rhyfel / heddwch
....
oorlog / vrede

0

sero

nul

1

un

één

2

dau

twee

3

tri

drie

4

pedwar

vier

5

pump

vijf

6

chwech

zes

7

saith

zeven

8

wyth

acht

9

naw

negen

10

deg

tien

11

un deg un

elf

12	**13**	**14**
un deg dau	un deg tri	un deg pedwar
twaalf	dertien	veertien

15	**16**	**17**
un deg pump	un deg chwech	un deg saith
vijftien	zestien	zeventien

18	**19**	**20**
un deg wyth	un deg naw	dau ddeg
achtien	negentien	twintig

100	**1.000**	**1.000.000**
cant	mil	miliwn
honderd	duizend	miljoen

Talen

Saesneg

Engels

Saesneg America

Amerikaans Engels

Tsieinëeg Mandarin

Chinees (Mandarijn)

Hindi

Hindi

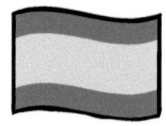

Sbaeneg

Spaans

Ffrangeg

Frans

Arabeg

Arabisch

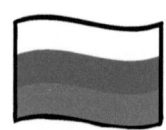

Rwseg

Russisch

Portiwgaleg

Portugees

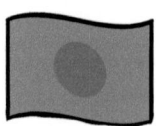

Bengali

Bengali

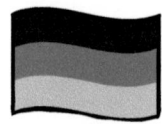

Almaeneg

Duits

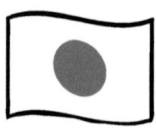

Siapanaeg

Japans

fi
ik

ti
u

ef / hi
hij / zij / het

ni
wij

chi
u

nhw
ze

pwy?
wie?

beth?
wat?

sut?
hoe?

ble?
waar?

pryd?
wanneer?

HELLO, I AM

enw
naam

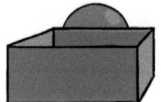

y tu ôl i

achter

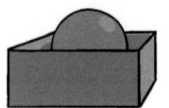

yn / yng / ym / mewn

in

o flaen

voor

dros

boven

ar

op

dan

onder

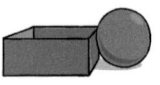

wrth ochr

naast

rhwng

tussen

lle

plaats